Bonne Lecture

Ou Plutôt...

Bon Films !

Nicolas Ouellet

05/10/2010

90 FILMS CULTES À L'USAGE DES PERSONNES PRESSÉES

90 Films cultes à l'usage des personnes pressées
Un livre de la collection Longues Distances
Illustrations de Henrik Lange
Textes de Thomas Wengelewski
Traduction de Fanny Soubiran

Titre original : *99 classic movies for people in a hurry* (Suède)
© 2009 Nicotext all rights reserved
Nicotext part of Cladd Media ltd.
© 2010 Éditions çà et là pour l'édition française
Lettrage et maquette : Hélène Duhamel et Amandine Boucher
Corrections : Mathilde Helleu

Dépôt Légal : octobre 2010
ISBN : 978-2-916207-45-2
Imprimé sur les presses de la SYL à Barcelone
Deuxième édition

Éditions çà et là
6 rue Jean-Baptiste Vacher
77600 Bussy-Saint-Georges
www.caetla.fr

Ouvrage traduit et publié avec le concours de la Région Île-de-France

HENRIK LANGE
THOMAS WENGELEWSKI

90
FILMS
CULTES
À L'USAGE DES
PERSONNES
PRESSÉES

çà et Là

Alien, le huitième passager (1979)
Ridley Scott, 1937-

Alien

le huitième passager

œuf
d'alien

C'est un peu comme l'histoire du ver dans le fruit. Le vaisseau Nostromo embarque par hasard une forme de vie extraterrestre. Le lieutenant Ripley est alors confronté à cette épineuse question : comment faire comprendre à l'intrus qu'on ne veut pas de lui ?

Ne surtout pas l'entailler au risque de déclencher une coulée d'acide. Et puis l'alien aime bien s'inviter chez les gens avant d'éclore en tuant son hôte au passage. Aucun savoir-vivre, cet alien. En plus, il n'a même pas apporté de bouteille pour le dîner.

Ripley, qui en a assez de jouer les hôtesses, quitte la fête dans un vaisseau de sauvetage. Mais notre alien toujours en goguette s'invite à bord et Ripley est obligée de le mettre à la porte. Et même pas un merci, quel mufle !

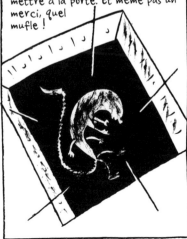

Autant en emporte le vent (1939)
Victor Fleming, 1883-1949

Autant en emporte le vent

Au Sud des États-Unis, peu avant la guerre de Sécession, Scarlett O'Hara fait référence en terme d'enquiquineuse. Elle veut bien d'Ashley, mais pas de Rhett.

Monsieur, vous n'êtes pas un gentle-man !

Vous vous êtes vue, mademoiselle ?

La guerre éclate et Scarlett doit quitter sa plantation bien-aimée. Elle continue de snober Rhett.

Quand la guerre se termine, Scarlett finit par épouser Rhett mais, pas bête, il la quitte pour se venger.

Franchement, très chère, je n'en ai rien à cirer.

11

Bagdad Café (1987)
Percy Adlon, 1935–

Bagdad Café

Jasmine, une Allemande, prend d'assaut un café en Californie.

Le Bagdad Café a pour habitués quelques curieux spécimens comme Rudi le peintre en décors de Hollywood et Debby la tatoueuse. Jasmine les remettra dans le droit chemin.

Jasmine accomplit sa mission en faisant un grand ménage façon blitzkrieg. Il en ressort un nouveau café et un nouvel ordre du monde. La suite consisterait à envahir le boui-boui voisin pour que Jasmine puisse agrandir son espace vital.

Barbarella (1968)
Roger Vadim, 1928-2000

Barbarella

Jane Fonda est Barbarella : une aventurière spatiale dont le vaisseau tapissé de tentures est un vrai baisodrome.

Elle est envoyée à la recherche du savant Durand Durand avant qu'il ne détruise le monde.

> The reflex is an only child. He's waiting in the park.

Durand Durand place Barbarella dans une machine censée la tuer d'un plaisir orgasmique intense. Mais Barbarella n'est pas la moitié d'une femme, elle résiste à la machine et la défonce. Certaines scènes peuvent heurter la sensibilité des enfants, paraît-il.

Blade Runner (1982)
Ridley Scott, 1937–

Blade Runner

R. Deckard est un blade runner dans un Los Angeles futuriste où il est chargé de chasser les réplicants (des faux humains). À Los Angeles. Incroyable.

Deckard pourchasse et abat la plupart des réplicants. Et s'encanaille avec l'une des leurs, Rachel. C'est Los Angeles, il n'y a rien d'anormal à coucher avec des faux humains.

Deckard assiste finalement à la mort du chef des réplicants, Roy, qui donne un grand discours "J'ai vu des choses que vous ne croiriez pas..." mais il pense à Rachel. Écouter le discours de mecs en toc? fantasmer sur des nanas artificielles? et tout ça à Los Angeles? Est-ce vraiment de la science-fiction?

Boulevard du crépuscule (1950)
Billy Wilder, 1906-2002

Boulevard du crépuscule

> Norma est une star du cinéma muet complètement finie qui aimerait faire un come-back.

> Joe représente la forme d'existence la plus primitive qui soit : Écrivain fauché à Hollywood.

Norma descend Joe (écrivain à Hollywood = pas une grande perte). Elle est arrêtée et passe de nouveau à l'écran.

> C'est bon M. Delville, je suis prête pour le gros plan.

Brazil (1985)
Terry Gilliam, 1940-

Brazil

Sam est une abeille ouvrière dans une société totalitaire fondée sur la technologie. Il travaille dans l'administration mais s'échappe en rêvassant.

Sam rencontre Harry Tuttle, ex-chauffagiste reconverti en terroriste, et lui prête main forte.

Le gouvernement torture Sam et l'exécute mais il est pris d'un délire qui le rend complètement béat.

Bullitt (1968)
Peter Yates, 1929-

Bullitt

Frank Bullitt est chargé de protéger Ross, mafieux repenti, avant son témoignage à la cour. Mais Ross se fait descendre.

Bullitt l'a mauvaise, il part à la poursuite des méchants et sillonne San Francisco à toute berzingue dans sa Mustang.

Il comprend que le vrai Ross est toujours en vie et le coince dans un terminal d'aéroport. On ne la lui fait pas à Bullitt.

Casablanca (1942)
Michael Curtiz, 1886-1962

Casablanca

Rick est le type le plus cool de tout Casa. On se l'arrache. Mais il ne veut de personne.

Or, même Rick a ses faiblesses, et sa plus grande est la belle Lisa. Sans parler des airs langoureux de Sam au piano. Ni de Paris. Ah, Paris !

Rick doit choisir entre la fille et la Résistance. Il ne choisit pas la fille. Rick n'est même pas français. Rick n'est pas malin non plus.

Certains l'aiment chaud (1959)
Billy Wilder, 1906-2002

Certains l'aiment chaud

Joe et Jerry sont témoins d'un meurtre de la mafia et ils ont l'idée lumineuse de se déguiser en femmes pour prendre la fuite incognito.

Ils s'enrôlent dans une troupe de musiciennes qui compte dans ses rangs la chanteuse Sugar Kane. Nos deux acolytes tombent sous le charme. En même temps, qui résisterait à Marilyn Monroe ?

C'est Joe qui conquiert Sugar. Quant à Jerry, il est demandé en mariage par Osgood, un millionnaire qui sait très bien que Jerry est un mec, allez savoir...

Chantons sous la pluie (1952)
Stanley Donen, 1924-, et Gene Kelly, 1912-1996

Chantons sous la pluie

Don Lockwood est un acteur qui sait chanter et danser et qui n'est pas homo.

Il danse sous la pluie sans jamais se vautrer et il aide Kathy à devenir célèbre. Et il est 100% hétéro. Sérieusement.

Don et Kathy tombent amoureux et vivent heureux... jusqu'à l'épisode suivant : Chantons sur un char à la Gay Pride. Et là, tout de suite, c'est plus clair.

Cinema Paradiso (1988)
Giuseppe Tornatore, 1956-

Cinema Paradiso

Salvatore, cinéaste en vogue, apprend la mort d'Alfredo, le projectionniste de son village natal.

Il se remémore l'époque où Alfredo lui a appris à se servir d'un projecteur, faisant naître de grands rêves chez l'enfant qu'il était. Ouais, c'est la base pour démarrer une carrière.

Alfredo lui a légué une bobine qui renferme un montage de scènes de baiser. Salvatore la regarde et ne peut retenir ses larmes. Dommage qu'Alfredo n'ait pas fait son coming-out plus tôt.

Citizen Kane (1941)
Orson Welles, 1915-1985

Citizen Kane

Un journaliste enquête sur le dernier mot de Charles Foster Kane : "rosebud". Kane était riche mais il lui manquait quelque chose.

"Rosebud"

Forcément, le truc qui lui manque, c'est le bonheur. Pourtant on pourrait croire que le fait de pouvoir se payer tout ce qu'on veut suffise à rendre un homme heureux. Qui serait malheureux au manoir de Xanadu ?

Il s'avère que Rosebud n'est autre que la luge de Hearst, euh pardon, de Kane. C'est ça, vous êtes plein aux as mais c'est votre luge qui vous manque. À d'autres.

Delicatessen (1991)
Marc Caro, 1956-, et Jean-Pierre Jeunet, 1953-

Delicatessen

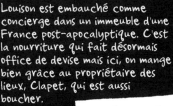
Louison est embauché comme concierge dans un immeuble d'une France post-apocalyptique. C'est la nourriture qui fait désormais office de devise mais ici, on mange bien grâce au propriétaire des lieux, Clapet, qui est aussi boucher.

Louison tombe amoureux de la fille de Clapet, Julie, ce qui est plutôt judicieux puisque Clapet tue et dévore ses employés.

Julie aide Louison à échapper à son père qui meurt. Et ils vivent heureux pour le reste de leurs jours. Quant aux autres locataires, ils songent sérieusement à devenir végétariens.

Délivrance (1972)
John Boorman, 1933-

Délivrance

Quand changer d'agence de voyages ? Quand on vous vend un séjour "pêche sportive" au fin fond de la cambrousse américaine, idéal entre amis...

... et qu'en cours de route vous vous faites sodomiser par des péquenauds du cru.

Hurle gros cochon !

Si ça ne vous a pas plu, ne vous gênez pas pour descendre cette bande de dégénérés et, la prochaine fois, cliquez sur lastminute.com.

Diamants sur canapé (1961)
Blake Edwards, 1922-2010

Diamants sur canapé

Paul est écrivain et gigolo. Sa mamie-gâteau lui paye un appartement en plein New York où il fait la connaissance de Holly Golightly, sa voisine.

Holly a la fièvre de l'or et s'entiche du premier venu pourvu qu'il soit riche. Elle aime aussi traîner dans les rayons du bijoutier Tiffany's.

À la fin, elle tombe amoureuse de Paul l'écrivain. Comme quoi même les pauvres types complètement pathétiques finissent par se maquer.

Dirty Dancing (1987)
Emile Ardolino, 1943-1993

Dirty Dancing

C'est l'histoire d'un passage à l'âge adulte, celui de Frances Houseman, alias Bébé, en vacances dans une pension de l'Oregon avec ses parents (tout un programme !).

Ça ne rate pas, elle s'entiche de son prof de danse, Johnny Castle.

Il s'opère alors une espèce d'alchimie entre le brushing impec de Johnny et le grand nez de Bébé : ils enflamment le dancefloor pour le dernier bal de l'été. Et tous les mecs sont mortifiés de ne pas savoir danser comme Patrick Swayze.

Dr. Folamour ou : Comment j'ai appris à ne plus m'en faire et à aimer la bombe (1964)
Stanley Kubrick, 1928-1999

Dr. Folamour

Pour compenser son impuissance sexuelle, le général Jack D. Ripper décide de bombarder l'URSS.

Le Président et le Dr. Folamour, ex-Nazi complètement psychopathe, tentent d'enrayer l'attaque mais découvrent que les Soviétiques disposent d'un système de représailles secret, "La Machine Infernale", qui fera sauter le monde. Pratique.

Le seul avion qui n'a pas pu être arrêté lâche une bombe alors qu'à son bord le Major "King" Kong se prépare à atterrir (ça vous rappelle un autre Texan puissant ?). Le monde explose et ça finit à peu près comme ça.

E.T. l'extraterrestre (1982)
Steven Spielberg, 1946-

E.T.
l'extraterrestre

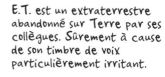

E.T. est un extraterrestre abandonné sur Terre par ses collègues. Sûrement à cause de son timbre de voix particulièrement irritant.

Le petit Elliot qui recueille la pauvre créature devient super collant. E.T. voudrait bien rentrer chez lui.

Téléphone maison

E.T. finit par convaincre ses collègues de revenir le chercher et de l'emmener le plus loin possible d'Elliot. Dans l'épisode 2, Elliot reçoit une injonction d'éloignement lui interdisant d'approcher E.T.

Easy Rider (1969)
Dennis Hopper, 1936-2010

Easy Rider

Si je vous dis Dennis Hopper, vous voyez le topo ? Wyatt et Billy prennent pas mal de drogue. Et ils traversent l'Amérique en moto.

Ils dorment aussi à la belle étoile et tombent sur George, un avocat bien imbibé qui se fait tuer en Louisiane. Wyatt et Billy passent le Mardi Gras à la Nouvelle-Orléans et se gavent encore de drogue. Au fait, je vous ai dit que Hopper jouait aussi dans le film ?

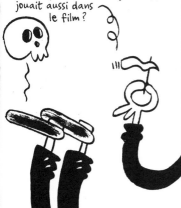

Et qu'est-ce qu'on récolte avec cette vie de patachon ? Une bécane qui explose, et le motard avec. Au moins, ils auront essayé la drogue et les cheveux au vent.

Un certain temps, du moins.

47

Evil Dead (1981)
Sam Raimi, 1959-

Evil Dead

Quel pitch inattendu pour un film d'horreur : cinq étudiants passent un week-end dans une cabane au fin fond du Tennessee. Conclusion : le Tennessee est maléfique.

Ils découvrent un livre et une cassette (dans le Sud, les gens ne savent pas lire) qui consignent les morts survenues dans cette cabane. Les forces du mal sont ainsi libérées et ces jeunes deviennent la proie des démons. Vous vous attendiez à quoi ? C'est le Tennessee.

Ash, le seul survivant, brûle le livre et les démons avec. Sauf un dernier qui s'en prend à lui. NE SOUS-ESTIMEZ PAS LA PUISSANCE MALÉFIQUE DU TENNESSEE.

49

Fight Club (1999)
David Fincher, 1962-

Fight Club

"La règle numéro un du fight club c'est de ne pas en parler."

Note : cette règle absurde ne nous arrange pas vraiment pour parler du film.

Forrest Gump (1994)
Robert Zemeckis, 1952-

Forrest Gump

Forrest Gump est un mec un peu retardé qui vit en Alabama, du genre à discuter le bout de gras à l'arrêt de bus. Bref, le genre qu'on préfère éviter.

Mais on dirait qu'il surfe sur l'Histoire.

Et puis il arrive à se faire de l'argent et même à faire un gosse à son amie d'enfance. Le fils, heureusement pour lui, est plus vif que le père.

Karaté Kid (1984)
John G. Avildsen, 1935–

Karaté Kid

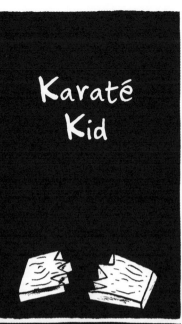

Daniel est un ado du New Jersey qui débarque en Californie et qui se fait tabasser. Il l'avait bien cherché.

Il demande à un certain Miyagi, un vieux cinglé, de lui apprendre le karaté pour faire la peau à ses bourreaux et regagner le cœur d'une fille. En fait, cette crapule de Miyagi lui fait faire toutes ses corvées.

Lustrer, frotter. mon cul.

Daniel met K.O. le méchant Cobra Kai grâce à une prise ridicule que n'importe quel débutant aurait esquivée. Et Miyagi mérite la prison pour exploitation de mineur.

King Kong (1933)
Merian C. Cooper, 1893-1973,
et Ernest B. Schoedsack, 1893-1979

King Kong

Les mecs, écoutez bien cette histoire : King Kong se rend à un blind date sur son île natale, rencontre Anne et tombe amoureux.

En fait, c'est un guet-apens et on le ramène à New York pour être exhibé comme la huitième merveille du monde. Cela dit, il en pince toujours pour Anne.

Une fois le spectacle terminé, il essaie de relancer la machine et emmène Anne au sommet de l'Empire State Building en se disant que ça a marché pour Tom Hanks dans Nuits Blanches à Seattle. Mais il est abattu par des avions... et ridiculisé par Anne. Cette fois, c'est la belle qui tue la bête.

L'Ennemi public (1931)
William A. Wellman, 1896-1975

L'Ennemi public

Tom Powers est un gangster et la preuve vivante que le crime paye : il est riche, il a des voitures et des filles. Et si on faisait un hold-up ?

Il se permet même des trucs fendards, genre écraser un pamplemousse à la face de sa petite amie. Le crime est roi ! Et si on dévalisait une épicerie ?

Ah, on est peut-être allés un peu vite en besogne : Tom se fait descendre et son agonie est interminable. Alors mollo sur le hold-up ! Mais pour l'épicerie, on n'a pas encore lâché l'affaire.

L'Étrange Créature du lac noir (1954)
Jack Arnold, 1916-1992

L'Étrange Créature du lac noir

Pauvre homme-poisson qui voit son lac envahi par tous ces humains bizarres. Il fait ce qu'il a à faire : il en tue quelques-uns.

Mais comme il n'y a pas de dame-poisson dans le lac, il a un petit faible pour Kay et l'emmène dans sa garçonnière.

Sauf que ces tarés d'humains pourchassent le mec-poisson et le trucident. Morale : on ne pique pas la copine d'un autre mec même si on est un monstre.

L'Exorciste (1973)
William Friedkin, 1935-

L'Exorciste

Leçon à l'adresse des parents ; quand votre fille commence à parler dans d'autres langues et à se taillader, amenez-la d'urgence chez un psy.

Si ça ne marche pas et qu'elle se met à léviter en prétendant être le Diable, appelez un prêtre.

Si ça ne marche toujours pas et qu'elle tue le prêtre, alors laissez tout tomber et sacrifiez une chèvre à Satan. Vous verrez bien ce que ça donne.

L'Odyssée de l'African Queen (1951)
John Huston, 1906-1987

L'Odyssée de l'African Queen

Après que les Allemands ont conquis l'Afrique orientale et tué son frère, Rose Sayer embarque avec Charlie à bord de son rafiot, l'African Queen.

Rose fait une grosse bourde en jetant par-dessus bord la bouteille de gin de Charlie mais ils finissent quand même dans les bras l'un de l'autre. Comme quoi, il n'y a pas que l'alcool qui désinhibe.

Les Allemands les capturent et s'apprêtent à les tuer alors qu'ils viennent de se marier. Mais le bateau allemand explose et les deux tourtereaux prennent la fuite !

La Chatte sur un toit brûlant (1958)
Richard Brooks, 1912-1992

La Chatte sur un toit brûlant

Maggie "la Chatte" tanne son mari Brick pour qu'il lui fasse l'amour dans la maison de Big Daddy. Le fond du problème c'est que ces gens ont besoin de changer de noms.

Brick nourrit une fascination secrète pour son ami Skipper qui s'est suicidé. À tous les coups, ils étaient plus qu'amis,. ces deux-là. Big Daddy a un cancer.

Et personne n'a de vrai nom. Même le frère s'appelle Gooper. C'est le Sud des États-Unis.

En bon simulateur, Brick satisfait la requête de Maggie la Chatte. Big Daddy va mourir. Et Disney Channel n'a que l'embarras du choix pour nommer les personnages de sa prochaine série.

La Chose (1982)
John Carpenter, 1948-

La Chose

En plein Antarctique un extraterrestre polymorphe est lâché dans la nature par des savants norvégiens. Ah, ils n'en ratent pas une, ces Norvégiens !

L'extraterrestre rejoint une base américaine. Personne ne sait qui est infecté : à qui faire confiance ? Eh ben, à personne !

Alors pourquoi ne pas tout faire sauter ? C'est l'Antarctique – de toute façon, avec le réchauffement climatique, ça aurait fondu tôt ou tard.

La Fureur de vivre (1955)
Nicholas Ray, 1911-1979

La Fureur de vivre

Jim Stark est un lycéen rebelle dont le père est une carpette et la mère un monstre.

Il s'attire des ennuis, par exemple en jouant au premier qui se dégonfle dans des voitures volées au sommet d'une falaise. C'est malin comme petit jeu.

Le pote de Jim, Plato, est abattu par la police et Jim comprend qu'être rebelle, ça ne mène pas toujours à grand-chose. Côté hobby, il se rabattra probablement sur Star Trek. C'est moins dangereux.

La Guerre des étoiles (1977)
George Lucas, 1944-

La Guerre des étoiles

Il y a bien longtemps dans une galaxie lointaine, très lointaine, le seigneur Sith Dark Vador qui a quelques petits problèmes avec sa paternité se met à faire sauter des planètes.

Pendant ce temps, Luke Skywalker, orphelin de père, part à la recherche de la princesse Leia avec Obi-Wan Kenobi, Han Solo et Chewbacca, la moumoute ambulante. Manque de pot, ils tombent sur l'Étoile Noire.

Et que fait Luke ? Bingo, il fait sauter l'étoile artificielle. Ça alors, on se demande de qui il tient cette fâcheuse manie ?

La Liste de Schindler (1993)
Steven Spielberg, 1946-

La Liste de Schindler

Oskar Schindler est un Allemand qui fait fortune sur le dos des juifs pendant la seconde guerre mondiale.

Il s'en met vraiment plein les poches et se lie avec des dirigeants nazis comme Amon Göth qui est à la tête d'un camp de concentration.

Schindler prend conscience qu'il n'y a pas que l'argent qui compte et sauve autant de juifs qu'il peut, ce qui fait de lui un mauvais nazi mais un être humain.

La Mélodie du bonheur (1965)
Robert Wise, 1914-2005

La Mélodie du bonheur

Maria est une future nonne qui est envoyée comme gouvernante chez le capitaine von Trapp et ses 7 enfants. Les gamins la détestent et sa manie de chanter à tue-tête les agace encore plus.

"Les gouttes de rosée sur les roses et les moustaches des chatons"

Mais bon, c'est moins pire qu'Elsa, la fiancée du capitaine, alors les enfants font un effort pour supporter Maria et se mettent même à chanter. Le capitaine qui a un faible pour les bonnes sœurs décide de l'épouser.

Les nazis envahissent l'Autriche mais Maria leur casse tellement les oreilles qu'ils forcent la famille à quitter le pays.

Adieu, farewell, auf Wiedersehen, au revoir et ne revenez jamais!

La Momie (1932)
Karl Freund, 1890-1969

La Momie

Tiré d'un bon gros somme de quelques milliers d'années, Imhotep ne s'est pas levé du bon pied. Il se trimballe en haillons et laisse quelques morts sur son passage.

En fait, il est à la recherche de son premier amour, la princesse Ank-Souh-Namun, qui, semble-t-il, s'est réincarnée en la personne d'Hélène et se trouve dans le coin. Ça tombe bien.

Avant qu'Imhotep ne s'apprête à momifier Hélène, celle-ci récite une prière à Isis et il disparaît. Comme quoi, parfois les prières, ça aide.

La Mort aux trousses (1959)
Alfred Hitchcock, 1899-1980

La Mort aux trousses

Roger Thornhill n'a pas de chance, on le prend par erreur pour un espion et il est pris en filature à travers le pays.

Il est même pourchassé par un avion en plein champ mais parvient à l'éviter. Il faut dire que c'est motivant d'avoir la belle Ève dans l'histoire.

Il termine sur le mont Rushmore où il sauve Ève et tue les méchants.

La Prisonnière du désert (1956)
John Ford, 1894-1973

La Prisonnière du désert

Ethan est un ancien soldat confédéré qui déteste tout le monde, et surtout les Indiens. Imaginez comme il est content quand les Indiens assassinent son frère et sa belle-sœur et enlèvent ses nièces. Autant dire que c'est l'euphorie.

Il passe les années suivantes à chercher sa nièce Debbie.

Ethan finit par retrouver Debbie qui est devenue une vraie squaw. Ethan qui est du genre romantique songe d'abord à tuer Debbie mais se ravise et bute simplement tous les Indiens.

La vie est belle (1946)
Frank Capra, 1897–1911

La vie est belle

Ce pauvre George Bailey veut se suicider pour faire banquer l'assurance. Mais le Paradis le trouve ridicule et lui envoie Clarence, un ange un peu jeté.

Clarence montre à George ce que la vie serait sans lui : le crime et l'absence de morale règneraient et l'infâme M. Potter serait au pouvoir. En gros, ce serait vachement mieux. George a été puni pour avoir nommé sa fille Zuzu.

Une fois le trip sous acide terminé, George revient à la réalité, ses amis l'aident à s'en sortir et Clarence obtient sa paire d'ailes. Mais Zuzu devra se coltiner ce prénom improbable toute sa vie.

Lawrence d'Arabie (1962)
David Lean, 1908-1991

Lawrence d'Arabie

T.E. Lawrence est un officier britannique posté en Égypte pendant la première guerre mondiale et chargé d'enrôler des Arabes pour combattre les Turcs.

Lawrence parcourt le désert et gagne la confiance des Arabes en les aidant à conquérir des villes comme Aqaba. La guerre, c'est l'éclate !

Mais il est capturé par des Turcs, se fait violer et là, la guerre, c'est plus trop l'éclate. Il rentre au bercail en Angleterre et meurt dans un accident de moto, c'était bien la peine !

Le Bon, la Brute et le Truand (1966)
Sergio Leone, 1929-1989

Le Bon, la Brute et le Truand

Blondin, Tuco et Sentenza sont tous en quête d'un trésor secret enseveli dans un cimetière.

Seul Blondin sait dans quelle tombe se trouve le trésor donc les autres ne peuvent pas le tuer. Mais de toute façon Blondin, c'est Clint Eastwood et qui pourrait tuer Clint, hein ? ? ?

Dans une scène de duel d'anthologie, Blondin gagne, Sentenza meurt et Tuco obtient sa part avant que Blondin ne s'éloigne à cheval dans le couchant.

Le Chien andalou (1929)
Luis Buñuel, 1900-1983

Le Chien andalou

Que se passe-t-il quand deux surréalistes fin saouls font un film ? Il y a des yeux crevés !

Et aussi un type qui se retrouve à traîner deux pianos chargés d'un âne mort, d'un prêtre et des 10 commandements, tout ça pour baiser. Mais ça ne marche même pas.

Et pour finir, le couple est enterré dans le sable. Non, ces surréalistes n'ont jamais touché à la drogue. Ils sont cleans.

Le Cuirassé Potemkine (1925)
Sergueï Eisenstein, 1898-1948

Le Cuirassé Potemkine

Sur le cuirassé Potemkine, les camarades marins se mutinent contre le régime tsariste après avoir trouvé des vers dans leur nourriture. C'est vrai, quoi...

Ils prennent le contrôle du navire et accostent dans la glorieuse Odessa où ils sont accueillis, ainsi que leur chef déchu Vakoulintchouk, par un prolétariat en liesse.

Le tsar envoie ses soldats mais ils retournent leurs vestes et virent cocos eux aussi ! Vive la révolution... jusqu'à son effondrement dans un chaos économique total 70 ans plus tard !

Le Dictateur (1940)
Charlie Chaplin, 1889-1977

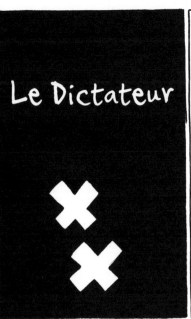

Le Dictateur

Charlie Chaplin joue à la fois un barbier juif et Adenoid Hynkel, le dictateur de Tomanie. Petit indice : Hynkel = Hitler.

Hynkel souhaite envahir l'Österlich et convainc Benzino Napaloni, dictateur allié, de l'y aider. S'ensuit une bataille de tartes à la crème. Comme quoi, les dictateurs aussi savent s'amuser !

Le barbier juif que l'on prend par erreur pour Hynkel fait un discours pour instaurer la démocratie en Tomanie. Et la comparaison avec Hitler s'arrête là.

Le Docteur Jivago (1965)
David Lean, 1908-1991

Le Docteur Jivago

Youri Jivago est un orphelin hanté par la balalaïka qui a jadis appartenu à sa mère. Il ne sait pas en jouer mais il doit se la trimballer pendant 197 minutes.

Jivago a un problème pour lequel beaucoup seraient prêts à tuer : il a deux très belles femmes à ses pieds. Bref, malgré la Révolution russe, on a un peu de mal à le plaindre.

La guerre éclate et fait des morts, Jivago épouse Lara, a des enfants et meurt à son tour. Mais la balalaïka est toujours là. Un vrai boulet, ce truc.

Le Faucon maltais (1941)
John Huston, 1906-1987

Le Faucon maltais

"La substance dont se forment les songes"

Sam Spade est un privé qui a la grande classe. Il est engagé par Brigid mais comprend vite que c'est une criminelle.

Tout le monde est à la recherche d'un faucon maltais à tomber par terre, soi-disant incrusté de pierres précieuses. Spade met la main dessus et doit le rendre à Gutman le Gros.

Le Gros s'aperçoit que le faucon est un faux mais laisse la vie à Spade qui dénonce toute la clique à la police, y compris la petite dame.

Le Garde du corps (1961)
Akira Kurosawa, 1910-1998

Le Garde du corps

Sanjuro est un samouraï sans maître dans le Japon du 19è siècle. Il débarque dans un petit village en pleine guerre des gangs et accepte de bosser pour les deux camps.

Et comment s'y prend le samouraï dans ce cas ? Il dégaine son sabre et fait la leçon aux vauriens du coin ! Mais l'un d'eux, Unosuke, possède un pistolet. Comment faire ?

Il pourrait le tronçonner comme un sushi de base. Ce qu'il fait. Et puis il se casse. Au fond, c'est Sanjuro le salaud !

Le Grand Bleu (1988)
Luc Besson, 1959-

Le Grand Bleu

Amis d'enfance devenus concurrents, Jacques Mayol et Enzo Molinari sont tous deux apnéistes professionnels (ça ne s'invente pas).

Mayol, qui s'apprête à battre le record du monde en Sicile, doit choisir entre la mer et la femme qu'il aime, Johanna, une Américaine.

Alors, les dauphins ou la petite Américaine sexy ? Dilemme cornélien... Il choisira les dauphins. Mais vous ne pouvez pas comprendre, vous n'êtes jamais sorti avec un dauphin.

Le Lagon bleu (1980)
Randal Kleiser, 1946-

Le Lagon bleu

Emmeline et Richard sont deux jeunes enfants qui font naufrage sur une île tropicale.

Ils deviennent de jeunes adultes super sexys qui passent leurs journées à pêcher et à se baigner. Ils découvrent le sexe et la vie est belle.

Et puis Emmeline tombe enceinte alors naturellement les choses se compliquent. Persuadés que leur fils a ingéré des baies empoisonnées, ils essaient de se tuer de la même façon mais sont sauvés in extremis par un bateau de passage. La prochaine fois ils iront au Club Med.

Le Magicien d'Oz (1939)
Victor Fleming, 1883-1949

Le Magicien d'Oz

Emportée par une tornade, Dorothée atterrit au pays d'Oz où elle est accueillie par des Munchkins. Elle se met la Méchante Sorcière de l'Ouest à dos et part à la recherche du Magicien.

En chemin, elle rencontre un lion, un homme de fer et un épouvantail. Il y a même des singes volants.

Elle se débarrasse de la Sorcière en l'aspergeant d'eau, claque des talons et s'en retourne au Kansas.

Le Parrain (1972)
Francis Ford Coppola, 1939-

Le Parrain

Le business en
trois leçons selon
Vito Corleone.

Leçon n°1 : tuer le cheval de
votre ennemi.

Leçon n°2 : tuer le commissaire
de police véreux.

Leçon n°3 : tuer tous vos ennemis
pendant le baptême de votre
neveu.

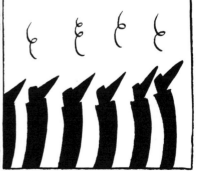

Le Pont de la rivière Kwaï (1957)
David Lean, 1908-1991

Le Pont de la rivière Kwaï

Dans un camp de prisonniers organisé par des Japonais, le Colonel Nicholson, officier britannique, se met en grève et refuse que ses soldats construisent un pont. L'histoire a été écrite par un Français, gardez-le en tête.

La grève fonctionne (c'est écrit par un Français) mais voilà que Nicholson devient obnubilé par l'idée de construire le pont. Faudrait savoir...

Un commando est envoyé pour faire sauter le pont mais Nicholson essaie de les en empêcher. Ça devient pathologique, là. À la fin, il comprend son erreur, fait exploser le pont, et lui avec.

Le Rock du bagne (1957)
Richard Thorpe, 1896-1991

Le Rock du bagne

Elvis est Vince Everett : un voyou bon à rien qui a l'intention de révolutionner le rock'n'roll. Il est envoyé en prison et monte un groupe.

Everett sort de prison et rencontre Peggy. Ils montent un label et Everett devient une rock-star. Il ferait mieux de jouer du Glenn Miller, ça passe mieux.

Everett prend la grosse tête et il faudra qu'un de ses codétenus lui mette la pâtée pour qu'il comprenne la leçon.

Tout ça à cause de cette musique de dégénérés.

Le Septième Sceau (1957)
Ingmar Bergman, 1918-2007

Le Septième Sceau

Dans cette aventure existentielle en forme de grosse farce écervelée, le croisé Antonius Block revient en Suède et y trouve la Mort qui l'attend. Et quelle est sa réaction ? Eh bien, il propose à la Mort de faire une partie d'échecs. Ça n'aurait pas été mon premier choix mais bon...

Ha-ha ! Là, l'histoire devient encore plus poilante : Antonius demande à une sorcière condamnée au bûcher d'invoquer Satan. Satan ne se montre pas et la sorcière crame. MDR !

La partie d'échecs a lieu et la Mort l'emporte en déclarant : "Rien ne m'échappe. Ni personne." Et tout le monde est plié de rire.

Le Silence des agneaux (1991)
Jonathan Demme, 1944-

Le Silence des agneaux

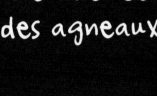

Clarice est stagiaire au FBI et on l'envoie interroger ce bon vieux Hannibal Lecter, un cannibale avec de l'humour, pour tâcher de résoudre l'affaire "Buffalo Bill".

Dans un moment de bouffonnerie enjouée, Hannibal s'échappe de prison en tuant deux policiers. Clarice retrouve "Buffalo Bill" et le tue.

Quant à Lecter, il bouffe son ancien psy. Bref tout le monde y trouve son compte au final.

Le Testament du Docteur Mabuse (1933)
Fritz Lang, 1890-1976

Le Testament du Docteur Mabuse

Ce petit film sert de testament à la chose écrite. Le Dr Mabuse est un fou qui consigne des idées de crimes par écrit avant de mourir.

Sauf que Baum, son psy, fait commettre ces crimes par son gang. Morale : ne jamais faire confiance à un psy.

La police capture Baum et comme il est cinglé, lui aussi, il prétend être Mabuse et déchire le testament. Ce qui conduira à l'essor des livres audio.

Le Voleur de Bicyclette (1948)
Vittorio de Sica, 1901-1974

Le Voleur de Bicyclette

Bicyclette

+ Voleur

= film existentiel européen.

La prochaine fois, pensez au cadenas.

Les Aventuriers de l'Arche perdue (1981)
Steven Spielberg, 1946-

Les Aventuriers de l'Arche perdue

Indiana Jones a pour mission de remettre l'archéologie au goût du jour. Il découvre plein de trésors, il a un chapeau super cool, et tout ça, en évitant les flèches ennemies.

Il a aussi un faible pour Marion qui est grosso modo une alcoolo exilée au Népal.

Et il fait la course avec les nazis pour retrouver l'Arche perdue.

Il gagne, l'Arche fait disparaître les méchants et tombe aux oubliettes dans un entrepôt américain.

Vive l'Amérique !

Les Canons de Navarone (1961)
J. Lee Thompson, 1914-2002

Les Canons de Navarone

Ils ont pour mission de détruire les canons allemands sur l'île de Navarone pendant la seconde guerre mondiale. Mais au passage ils font aussi péter un patrouilleur allemand parce que c'est cool de faire péter des trucs allemands.

Le capitaine Mallory tombe sous le charme de l'espionne allemande Anna qui est ensuite tuée par Maria. Leçon à tirer pour Mallory : c'est avec la tête qu'il faut réfléchir.

Ils finissent par faire exploser les canons et le colonel Starvos accepte de laisser la vie sauve à Mallory. Starvos finit avec la seule fille qu'il reste dans le film, pas étonnant qu'il soit tout content.

Les Dents de la mer (1975)
Steven Spielberg, 1946-

Les Dents de la mer

Que faire en présence d'un requin ? Je vais vous dire ce qu'il ne faut surtout pas faire : se baigner !

Mais les gens n'écoutent rien. Et même s'il y a un requin affamé qui rôde, ils se baignent. Et le requin, il est trop jouasse.

Alors comment se débarrasser d'un requin ? Trouver un pêcheur éméché et dynamiter la bête. Affaire classée.

Les Désaxés (1961)
John Huston, 1906-1987

Les Désaxés

Roslyn (Marilyn Monroe) est une femme sublime qui rencontre à Reno un cow-boy nommé Gay. Non, ce n'est pas une blague, le cow-boy s'appelle vraiment Gay.

Gay a la brillante idée de vendre des chevaux sauvages pour en faire de la pâtée pour chiens. Roslyn n'apprécie que très moyennement le concept. Il y a conflit.

Tandis que Roslyn tâche de sauver les chevaux, personne ne sort indemne de l'histoire. La plupart des acteurs meurent peu de temps après la sortie du film, tout comme le mariage de Miller et Monroe. Bref, super karma, ce film.

Les Sept Samouraïs (1954)
Akira Kurosawa, 1910-1998

Les Sept Samouraïs

Dans le Japon du 16e siècle, des paysans recrutent sept samouraïs pour combattre des bandits.

Les samouraïs se battent contre les méchants. Le chef des bandits tire une balle dans le dos de l'un des samouraïs. Efficace mais pas très fair-play. Il n'en a plus pour longtemps, le chef des bandits.

À la fin, les paysans sont bien contents d'être débarrassés des bandits. Et les samouraïs se rendent compte qu'ils n'ont rien gagné au change puisque la plupart d'entre eux sont morts et qu'ils ont juste été nourris, rien de plus. Il est temps de se syndiquer !

Les Vacances de Monsieur Hulot (1953)
Jacques Tati, 1907-1982

Les Vacances de Monsieur Hulot

M. Hulot est un Français en vacances qui n'aurait jamais dû sortir de chez lui. Il lui arrive un tas d'embrouilles rigolotes sur la plage.

Ensuite, il se retrouve à un enterrement. Et la farce continue.

Mais c'est le lot de tous les Français au mois d'août.

Liaison fatale (1987)
Adrian Lyne, 1941-

Liaison
fatale

Dan rencontre Alex Forrest
et il a une aventure avec elle.
Sexuellement, c'est le pied.

Mais les rendez-vous suivants
se passent moins bien, surtout
quand Alex prépare un civet
avec le lapin de la fille de Dan.

Alex, qui ne demande qu'un peu d'amour,
poursuit la femme de Dan, armée d'un
couteau de boucher. Dan et sa femme
se débarrassent d'Alex et sauvent ainsi
leur mariage. Finalement, ça revient
moins cher qu'une thérapie conjugale.

Mad Max (1979)
George Miller, 1945-

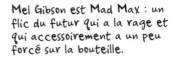

Mad Max

Mel Gibson est Mad Max : un flic du futur qui a la rage et qui accessoirement a un peu forcé sur la bouteille.

Un gang de motards emmené par "Le Chirurgien" tente de tuer le partenaire de Max et massacre sa femme et son bébé. Ça le rend complètement "mad"! (notez le jeu de mot !)

Il pourchasse les méchants et les dégomme tous, comme quoi rouler et picoler en même temps, ça marche mieux en pleine cambrousse australienne qu'à Los Angeles.

Matrix (1999)
Andy Wachowski, 1967-,
et Larry Wachowski, 1965-

Matrix

Keanu Reeves est Néo : "l'Élu" qui sauvera les hommes du joug des machines dans le futur. C'est ça, Keanu va sauver le monde...

La Matrice est une réalité virtuelle créée par des machines pour maintenir les humains dans un bonheur artificiel. Néo commence à en maîtriser les rouages et arrive à faire des trucs de dingue, comme esquiver les balles.

Néo se fait descendre dans la Matrice mais revient à la vie, et ce - encore plus fort - quand Trinity l'embrasse. C'est ça, l'amour a peut-être sauvé Keanu... mais même l'amour n'a rien pu faire pour nous épargner les épisodes suivants.

Metropolis (1927)
Fritz Lang, 1890-1976

Metropolis

Dans le futur, Maria demande à la classe ouvrière de ne pas se révolter et leur annonce l'arrivée d'un "Médiateur" pour réconcilier la tête et la main.

Comme ça on dirait que ça parle de masturbation, mais non.

Frederson, le maître de Metropolis, demande à un savant fou de construire un robot pour négocier avec les ouvriers. Le robot ressemble à Maria. Peut-être que ça parle de masturbation en fin de compte ?

Le robot incite les ouvriers à l'insurrection. Ces derniers se déchaînent et brûlent le robot. Mais Freder unit les maîtres (la tête) et les ouvriers (la main). Faites ce que vous voulez de l'angle de la masturbation, même si les types ne finissent pas sourds.

New York 1997 (1981)
John Carpenter, 1948-

New York 1997

Manhattan est devenue une prison géante dans laquelle s'est écrasé l'avion présidentiel. Snake Plissken est envoyé à sa rescousse.

Snake aide le Président à s'échapper de New York, un exploit sans carte de métro, et le monde est sauvé.

Snake débarque à New York et ça n'est pas très différent de ce qu'on connaît: sale, dangereux et violent. Le Duc de New York détient le Président... et il a aussi une très belle voiture avec des chandeliers.

Opération Dragon (1973)
Robert Clouse, 1928–1997

Opération Dragon

Bruce Lee assure un max niveau arts martiaux. Il participe à une compétition sur une île chapotée par le mystérieux Han.

Lee se bat comme une brute et tue même le sale Oharra. Han n'est pas très content.

Mais qu'importe s'il y a des mécontents, Bruce Lee leur botte tous le cul à la fin. Et, ô surprise, il liquide aussi Han.

Piège de cristal (1988)
John McTiernan, 1951-

Piège de cristal

La première erreur que fait John McClane, c'est de se pointer à la soirée de Noël au boulot de sa femme alors qu'ils sont séparés. Ça ne se fait pas. Heureusement, les festivités sont interrompues par l'irruption de terroristes.

La deuxième erreur que fait John McClane, c'est de faire confiance à l'Allemand puisque ce bon vieux Hans se révèle être de mèche avec les terroristes. Il ne tient plus qu'à John de sauver les convives.

C'est ce qu'il fait dans un duel avec Hans. Et il sauve même sa femme donc il n'a plus besoin de coucher dehors.

Platoon (1986)
Oliver Stone, 1946-

Platoon

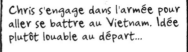

Chris s'engage dans l'armée pour aller se battre au Vietnam. Idée plutôt louable au départ...

Si la première victime de la guerre est la vérité, alors la seconde est un village de civils vietnamiens exécutés par le sergent Barnes. Chris n'est pas emballé.

Il se venge de Barnes en lui fichant trois balles dans le thorax. Mais c'est Barnes qui lui a dit de tirer, alors qu'est-ce qu'il aurait pu faire d'autre, Chris ?

Police Academy (1984)
Hugh Wilson, 1943-

Police Academy

Steve Guttenberg a redonné espoir à tous les acteurs sans talent en décrochant le rôle de Mahoney dans ce film : un bandit à la petite semaine, contraint de s'engager dans la police.

Mahoney essaie de se faire virer de l'école mais on préférerait qu'il démissionne. Pensez à ce qui se fait de plus pourri en terme de comédie et vous ne serez pas loin.

Bien entendu il y a une émeute et c'est Mahoney et son acolyte qui sauvent la situation. Ils deviennent officiers. Il y a des gens qui ont perdu leur boulot après avoir fait ce film. Ou du moins qui auraient dû.

Psychose (1960)
Alfred Hitchcock, 1899-1980

Psychose

"Le meilleur ami
d'un garçon est
sa mère"

Que fait un homme qui a
quelques petits soucis avec
sa maman ? Il tue Maman
et il ouvre un hôtel.

Et que fait ce même homme
quand une jolie fille s'arrête
dans son hôtel ? Il enfile la
chemise de nuit et la charlotte
de Maman et il poignarde la
fille sous la douche en 45
secondes chrono.

Finalement les bêtises s'arrêtent
net et on l'envoie au coin... euh en
prison. Maman est très fâchée.

Pulp Fiction (1994)
Quentin Tarantino, 1963-

Pulp Fiction

Vincent et Jules sont deux gangsters à la solde de Marsellus. Vincent fait aussi des chorés super classes avec la femme de Marsellus.

Butch est un boxeur qui vient au secours de Marsellus alors qu'il est victime d'un viol collectif.

Jules décide de quitter la vie de gangster et on ne saura jamais ce qu'il y avait dans cette fichue mallette.

Retour vers le futur (1985)
Robert Zemeckis, 1952-

Retour vers le futur

Marty McFly a un problème : ses parents sont des gros losers.

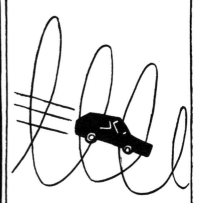

Ah oui, et il remonte dans le temps avec la voiture d'un savant fou, Doc Brown. Il y a ça aussi.

Il se retrouve à l'époque où ses parents étaient jeunes et compromet leur rencontre. Marty commence alors à disparaître car ses parents ne se sont pas rencontrés.

Marty arrange le coup pour ses parents, invente le rock'n'roll et utilise un éclair pour réactiver le convecteur temporel de la voiture à voyager dans le temps. Dommage qu'il n'ait pas poussé jusque dans le futur pour empêcher les épisodes suivants.

2,21 gigawatts !!

Rocky (1976)
John G. Avildsen, 1935-

Rocky

Rocky Balboa est un boxeur de seconde zone qui a l'occasion d'affronter le champion Apollo Creed.

Rocky se prépare au combat avec l'aide de Mickey, son entraîneur.

Rocky se bat vaillamment mais perd le match et crie super fort le nom de sa copine à la fin du film.

Adriaaaan !

Rosemary's Baby (1968)
Roman Polanski, 1933-

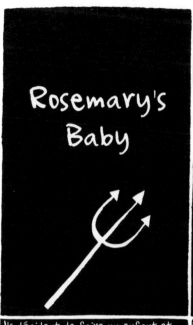

Rosemary's Baby

Comment construire une famille sur de bonnes bases. Rosemary vit avec son époux Guy, comédien fauché, dans l'immeuble Bramford (le Dakota Building). Qu'est-ce qu'un couple sans le sou fabrique dans ce quartier huppé ? C'est une bonne question.

Ils décident de faire un enfant et après avoir été droguée par des voisins cinglés, Rosemary tombe enceinte. La carrière de Guy décolle. Coïncidence ? Détrompez-vous.

Elle découvre qu'elle a été violée par le diable en personne pour assurer la réussite de Guy sur les planches. Et elle donne naissance à un adorable bébé antéchrist. Morale : ne faites pas d'enfant avec un comédien, ça finit mal.

S.O.S. Fantômes (1984)
Ivan Reitman, 1946-

S.O.S. Fantômes

Comment une bande de parapsychologues au chômage retrouve-t-elle du boulot ? En montant un canular à base de fantômes et en promettant de sauver les hommes de la menace spectrale.

Comment un savant coureur fait-il pour draguer ? En convainquant une nana, sexy de préférence, que son appart est possédé par le demi-dieu Zuul, un sous-fifre de Gozer. Mais finalement ça ne va pas plus loin.

La fine équipe atterrit au sommet d'un gratte-ciel sur Central Park West pour le combat final contre Gozer. Bilan des courses : New York est sauvée, le bibendum chamallow a explosé et Ray Parker Jr. signe un tube planétaire.

Sailor et Lula (1990)
David Lynch, 1946-

Sailor et Lula

Sailor sort de prison, Lula vient le chercher et lui file son blouson en peau de serpent, s'ensuit la preuve en 124 minutes que la drogue, le cinéma et Elvis ne font pas bon ménage.

Sailor dévalise une banque avec Bobby Peru mais ça ne se passe pas comme prévu et Bobby se fait sauter la cervelle. Oups ! Drogue + film + Elvis = mauvais trip.

Sailor sort de prison, une fois de plus, et se rend compte qu'il n'est qu'un loser. Mais il chante un morceau d'Elvis à Lula pendant que le générique défile. À ce moment-là, prévoyez un bon pétard.

Scarface (1983)
Brian de Palma, 1940-

Scarface

"Dans ce pays, faut d'abord se faire du fric. Ensuite quand t'as le fric, t'as le pouvoir. Et quand t'as le pouvoir, alors t'as les bonnes femmes."

Tony Montana est un réfugié cubain qui a un bon plan : faire fortune grâce à la drogue et aux armes.

Son plan fonctionne, il devient assassin, dealer et bourré de fric.

Mais Tony a un léger souci de toxicomanie et une fâcheuse tendance à piquer des crises de nerfs. Au lieu de travailler sur lui, il bute tous les gens qu'il connaît et il finit par se faire buter lui-même.

Dites bonjour à mon ami !!

Shining (1980)
Stanley Kubrick, 1928-1999

Shining

" Trop de travail
et pas de jeux
font de Jack
un garçon
ennuyeux. "

Q : quand songer au divorce ?
Quand Jack, votre époux, réserve
un séjour de 4 mois pour toute la
famille dans un hôtel abandonné
afin d'écrire son livre ? Non, là,
ça ne presse pas vraiment.

Quand Jack se met à picoler
avec des fantômes dans le bar
désert de l'hôtel et couche avec
la zombie de la chambre 237 ?
Non, là encore, vous pouvez vous
arranger.

Quand Jack vous pourchasse avec
une hache et tente de vous achever,
vous et votre fils ? Oui, c'est peut-
être le moment de demander le
divorce, au moins pour altération
définitive du lien conjugal.

Showgirls (1995)
Paul Verhoeven, 1938-

Showgirls

"Je suis danseuse"

Difficile de faire pire comme scénario : Nomi débarque à Las Vegas avec le rêve de devenir danseuse. Les grands rêves font les grands films, n'est-ce pas ?

Nomi démarre comme strip-teaseuse avant d'être promue au rang de doublure pour la star locale Cristal. Pour cette dernière, Nomi n'est qu'une pute. Elle n'a pas tout à fait tort. Les noms, ce n'est pas le seul truc pourri du film.

Nomi finit par devenir célèbre, sa copine Cristal se fait violer, elle tabasse le mec fautif, embrasse Cristal et quitte Las Vegas. Le porno soft, ça n'a jamais vraiment marché.

SHOW GIRLS ...

Spartacus (1960)
Stanley Kubrick, 1928-1999

Spartacus

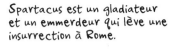

Spartacus est un gladiateur et un emmerdeur qui lève une insurrection à Rome.

Crassus est un général romain qui tente de faire échouer Spartacus mais apparemment il a du mal.

Finalement Spartacus est fait prisonnier puis crucifié mais sa femme et son fils sont relâchés, ça lui fait une belle jambe.

Taxi Driver (1976)
Martin Scorsese, 1942-

Taxi Driver

Travis Bickle est un chauffeur de taxi new-yorkais de base : déglingué, violent et déséquilibré.

Il est rejeté par les femmes, mate des pornos et finit par faire une fixation sur une gamine qui se prostitue et qu'il veut sauver. Mais quoi ! C'est New York.

Il se fait une coupe de Mohican et essaie de tuer un sénateur. Mais il échoue. Ensuite il tue le mac de la petite et devient un héros. Tout peut arriver à New York.

Terminator (1984)
James Cameron, 1954-

Terminator

Il était une fois un pauvre petit cyborg qui remontait dans le temps pour venir au secours de ses amies les machines.

Pour cela, le cyborg Terminator doit se débarrasser de Sara Connor dont le fils tentera de détruire lesdites machines.

Terminator ne parvient pas à ses fins. Cependant, il obtient vengeance sur l'humanité en devenant gouverneur de Californie.

The Blues Brothers (1980)
John Landis, 1950-

The Blues Brothers

Les dangers de la religion : Jake et Elwood Blues fêtent la sortie de prison du premier mais ils se font lobotomiser par une bande de nonnes et multiplient les délits pour sauver un orphelinat.

Ils se retrouvent même dans une course-poursuite avec la police à l'intérieur d'un centre commercial. En même temps, ils essaient de réunir les membres de leur groupe pour aider les nonnes.

Le groupe rassemble l'argent nécessaire mais tout le monde est après eux. On les renvoie en taule, c'est plus simple.

The Breakfast Club (1985)
John Hughes, 1950-2009

The Breakfast Club

Q : Qu'est-ce qu'on obtient quand on place un sportif, un intello, une fille à papa, une détraquée et un psychotique en retenue ensemble ?

R : De l'angoisse adolescente en tube. Et à volonté, qui plus est. Mais ils fument des pétards et ils dansent.

À la fin, ils n'ont pas mûri d'un pouce mais au moins ils sont devenus potes. Et ils peuvent se retrouver en colle.

Un poisson nommé Wanda (1988)
Charles Crichton, 1910-1999

Un Poisson nommé Wanda

George, Ken, Otto et Wanda volent des bijoux mais seul George sait où ils sont cachés. Manque de bol, il se fait arrêter et ses acolytes se mettent en quête du butin.

Wanda jette son dévolu sur Archie, l'avocat de George. Chargé de tuer la vioque qui est le seul témoin du vol, Ken ne réussit qu'à tuer ses cabots.

Finalement, c'est Wanda qui emporte la mise en obtenant à la fois les bijoux et les faveurs d'Archie. Quant à Otto, il passe sous un rouleau-compresseur.

Un tramway nommé désir (1951)
Elia Kazan, 1909-2003

Un tramway nommé désir

Blanche DuBois est typiquement le genre de fille qui réclame de l'attention. Elle vient vivre chez sa sœur Stella et son mari Stanley à la Nouvelle-Orléans.

Stanley est le roi dans sa baraque et ça le gonfle d'avoir Blanche dans les pattes.

STELLA

Donc il fait l'unique chose à faire avec une belle-sœur : il la fait interner. Et le problème est réglé.

J'ai toujours compté sur la bienveillance des étrangers.

Zombie (1978)
George A. Romero, 1940-

Zombie

Question : que faire quand les zombies décident d'envahir le monde ?

Réponse : aller au supermarché (en tout cas c'est ce que font Stephen, Peter, Roger et Francine).

Jusqu'à ce que les zombies débarquent dans le centre commercial. Ensuite il vous suffit de sauter dans l'hélico qui justement se trouvait là et de prendre la fuite.

INDEX

(Cochez les films que vous avez vus)